W9-CJK-301

# MY FIRST TRIP TO THE LIBRARY/
# MI PRIMERA VISITA A LA BIBLIOTECA

By Katie Kawa

Traducción al español: Eduardo Alamán

 **Gareth Stevens**
Publishing

**Please visit our website, www.garethstevens.com. For a free color catalog of all our high-quality books, call toll free 1-800-542-2595 or fax 1-877-542-2596.**

*To the JBR Library staff for making my first job so much fun.*

**Library of Congress Cataloging-in-Publication Data**

Kawa, Katie.
[My first trip to the library. Spanish & English]
My first trip to the library = Mi primera visita a la biblioteca / Katie Kawa.
     p. cm. — (My first adventures = Mis primeras aventuras)
Includes index.
ISBN 978-1-4339-6631-6 (lib. bdg.)
1. Libraries—Juvenile literature. 2. Librarians—Juvenile literature. 3. Library cards—Juvenile literature. I. Title. II. Title: Mi primera visita a la biblioteca.
Z665.5.K3918 2012
027—dc23
                                        2011031662

First Edition

Published in 2012 by
**Gareth Stevens Publishing**
111 East 14th Street, Suite 349
New York, NY 10003

Editor: Katie Kawa
Designer: Haley W. Harasymiw
Spanish Translation: Eduardo Alamán

All illustrations by Planman Technologies

Printed in the United States of America

CPSIA compliance information: Batch #CW12GS: For further information contact Gareth Stevens, New York, New York at 1-800-542-2595.

# Contents

- - - - - - - - - - - - - - - - - - - - - - - - - - - -

# Contenido

Today, I am going
to the library.

--------------------------------

Hoy, voy a la biblioteca.

5

It is a place
with lots of books.

----------------------------------------

Es un lugar
con muchos libros.

It lends books to people.

---

La biblioteca presta
libros a las personas.

I want to read
about animals.

----------------------------------

Quiero leer acerca
de los animales.

My mom asks a woman for help. She is called the librarian.

---------------------------------

Mi mamá le pide ayuda a una empleada. Ella es una bibliotecaria.

13

She uses a computer.
It helps her find books.

----------------------------------------

La bibliotecaria usa una computadora. Con ella encuentra los libros.

She takes us to a room
for kids. It has lots
of animal books!

---

La bibliotecaria nos
lleva a la sala de niños.
¡Allí, hay muchos libros
de animales!

My library has
music, too.

------------------------------------------

En mi biblioteca
también tienen música.

I have a library card.
I need it to take
books home.

-------------------------------------

Tengo una tarjeta de la
biblioteca. La uso para
sacar libros.

21

I love to read!

------------------------------------

¡Me encanta leer!

23

# Words to Know/
# Palabras que debes saber

computer/
(la) computadora

librarian/
(la) bibliotecaria

library card/
(la) tarjeta de
la biblioteca

# Index / Índice

# La Pascua

por R.J. Bailey

Bullfrog Books

# Ideas para padres y maestros

Bullfrog Books permite a los niños practicar la lectura de texto informacional desde el nivel principiante. Repeticiones, palabras conocidas y descripciones en las imágenes ayudan a los lectores principiantes.

## Antes de leer

- Hablen acerca de las fotografías. ¿Qué representan para ellos?

- Consulten juntos el glosario de fotografías. Lean las palabras y hablen de ellas.

## Lean en libro

- "Caminen" a través del libro y observen las fotografías. Deje que el niño haga preguntas. Señale las descripciones en las imágenes.

- Lea el libro al niño, o deje que él o ella lo lea independientemente.

## Después de leer

- Inspire a que el niño piense más. Pregunte: ¿Tu familia celebra la Pascua? ¿Qué tipo de cosas vez cuando es Pascua?

Bullfrog Books are published by Jump!
5357 Penn Avenue South
Minneapolis, MN 55419
www.jumplibrary.com

Library of Congress Cataloging-in-Publication Data

Names: Bailey, R.J., author.
Title: La pascua / R.J. Bailey.
Other titles: Passover. Spanish
Description: Minneapolis, Minnesota: Jump!, [2016]
Series: Fiestas | Ages 5–8, K to grade 3.
Previous title: Passover. | Includes index.
Identifiers: LCCN 2016016359 (print)
LCCN 2016016671 (ebook)
ISBN 9781620315101 (hardcover: alk. paper)
ISBN 9781620315255 (paperback)
ISBN 9781624964732 (ebook)
Subjects: LCSH: Passover—Juvenile literature.
Classification: LCC BM695.P3 B23518 2016 (print)
LCC BM695.P3 (ebook) | DDC 296.4/37—dc23
LC record available at https://lccn.loc.gov/2016016359

Editor: Kirsten Chang
Series Designer: Ellen Huber
Book Designer: Michelle Sonnek
Photo Researchers: Kirsten Chang & Michelle Sonnek
Translator: RAM Translations

Photo Credits: All photos by Shutterstock except:
Adobe Stock, cover; Alamy, 4, 10, 19, 20–21, 23tr;
Getty, 3; iStock, 1, 6–7, 22; Superstock, 8–9, 23bl.

Printed in the United States of America at Corporate Graphics in North Mankato, Minnesota.

# Tabla de contenido

# ¿Qué es Pascua?

La Pascua es un día festivo judío.

Se lleva a cabo
en la primavera.

Dura ocho días.

¿Qué celebramos?

Que somos libres.

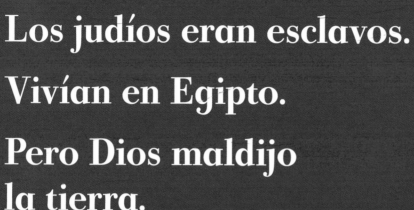

Los judíos eran esclavos.

Vivían en Egipto.

Pero Dios maldijo
la tierra.

El rey estaba asustado.

Dejó que los judíos se fueran.

Se fueron rápido.

El pan no se inflaba.

Nosotros recordamos esto.

¿Cómo?

Comemos matzah.

Es un pan plano.

Convivimos.

La cena se
llama seder.

¿Quiénes son
invitados?

Familia. Amigos.

Mamá saca un plato.

¡Mira! Tiene seis alimentos.

Cada uno tiene un
significado especial.

Ann come sopa.

¿Qué lleva a dentro?

Bolas de matzah.

¡Qué rico!

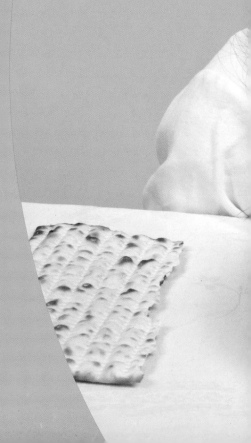

bolas de matzah

17

**Papá dice una oración.**

**Él lee un libro.**

18

Contiene historias.
Contiene canciones.

Cantamos.

Comemos.

¡Feliz Pascua!

# Los símbolos de la cena de Pascua

**rábano picante**
Una planta amarga que les recuerda a los judíos de los tiempos difíciles en Egipto.

**huevo**
El huevo es una ofrenda especial de los judíos días festivos.

**hueso de cordero**
Los judíos mataron a un cordero cuando salieron de Egipto.

**pasta dulce**
Esta mezcla de frutas y nueces simboliza el mortero que los judíos utilizaron para construír las pirámides.

**perejil**
Hierba la cual se sumerge en agua salada que simboliza las lágrimas que los judíos lloraron cuando eran escalavos.

**lechuga romana**
Una segunda planta amarga sirve como un recordatorio adicional de los tiempos difíciles que los judíos experimentaron en Egipto.

# Glosario con fotografías

**Egipto**
Un país en
África del Norte.

**Judío**
Una persona
que sigue la
religión Judía
y cree en un
solo Dios.

**esclavo**
Personas que
son obligados
a trabajar para
otra persona.

**seder**
La cena que los
judíos comen en la
primera o primeras
dos noches de
la Pascua.

# Índice

# Para aprender más

Aprender más es tan fácil como 1, 2, 3.

1) Visite www.factsurfer.com

2) Escriba "LaPascua" en la caja de búsqueda.

3) Haga clic en el botón "Surf" para obtener una lista de sitios web.

Con factsurfer.com, más información está a solo un clic de distancia.